COUR IMPÉRIALE DE PARIS

Chambre des appels de police correctionnelle

PRÉSIDENCE DE M. HATON DE LA GOUPILLIÈRE

Audiences des 24, 25 et 30 novembre, 1, 2 et 7 décembre 1864

PROCÈS DES TREIZE

—

PRÉVENTION D'ASSOCIATION NON AUTORISÉE
A PROPOS DES ÉLECTIONS GÉNÉRALES AU CORPS LÉGISLATIF
CONDAMNATION A L'AMENDE

PARIS

AU BUREAU DU *JOURNAL JUDICIAIRE*

56, RUE LAFFITTE, 56.

—

1864

COUR IMPÉRIALE DE PARIS

Chambre des appels de police correctionnelle

PRÉSIDENCE DE M. HATON DE LA GOUPILLIÈRE

Audiences des 24, 25 et 30 novembre, 1, 2 et 7 décembre 1864.

PROCÈS DES TREIZE

—

PRÉVENTION D'ASSOCIATION NON AUTORISÉE
A PROPOS DES ÉLECTIONS GÉNÉRALES AU CORPS LÉGISLATIF
CONDAMNATION A L'AMENDE

PARIS

AU BUREAU DU *JOURNAL JUDICIAIRE*
56, RUE LAFFITTE, 56.

—

1864

PROCÈS DES TREIZE

PRÉVENTION D'ASSOCIATION NON AUTORISÉE
A PROPOS DES ÉLECTIONS GÉNÉRALES AU CORPS LÉGISLATIF
CONDAMNATION A L'AMENDE.

On ne saurait passer sous silence un procès qui appartient désormais à l'histoire et qui a vivement préoccupé, à la fois, et le monde judiciaire et l'opinion publique. Nous regrettons, toutefois, de ne pouvoir en donner ici qu'une analyse sommaire.

On se souvient que le 16 juin 1864 une ordonnance de M. de Gonet, juge d'instruction, renvoyait en police correctionnelle, comme prévenus d'avoir fait partie d'une réunion non autorisée de plus de vingt personnes, deux députés de Paris : MM. Garnier-Pagès, ancien membre du gouvernement de 1848; Carnot, ancien ministre, et avec eux MM. Hérold et Hérisson, avocats au Conseil d'État et à la Cour de cassation; Corbon, sculpteur, ancien vice-président de l'Assemblée nationale; Dréo, Clamageron, Floquet, Ferry, Durier, Joson, avocats à la Cour impériale de Paris; Bory, avocat à Marseille; Melsheim, avoué à Schlestadt.

La 6ᵉ chambre du Tribunal correctionnel de la Seine, sur les conclusions de M. Malher, substitut de

M. le procureur impérial, après un magnifique plai-
doyer de Me Jules Favre, rendait, à la date du 6 août,
un jugement qui condamnait chacun des prévenus à
500 francs d'amende et aux dépens.

Ce jugement ayant été frappé d'appel, l'affaire
s'est présentée, après une première remise, à l'audience de la Cour du 24 novembre.

M. de MARNAS, procureur général, et M. SALLÉ,
avocat général, occupent le siége du ministère public.

Mes Jules FAVRE, MARIE, GRÉVY, Ernest PICARD,
Henri DIDIER, BERRYER, DUFAURE, SÉNARD, DESMA-
REST, Emmanuel ARAGO, CRÉMIEUX et HEBERT sont
assis au banc de la défense.

M. le conseiller DE LAFAULOTTE a présenté le rapport.

Me DUNOYER, avoué, dépose, pour les appelants,
des conclusions, longuement motivées, dont voici le
texte :

Me SÉNARD, au nom de MM. Crémieux, avocat à la
Cour impériale, ancien membre du gouvernement
provisoire; Sénart, avocat à la Cour impériale, ancien président de l'Assemblée constituante, ancien
ministre de l'intérieur ; Pelletan, député au Corps législatif ; Lenoël, Coulon, Deroisin, Liouville, Rousselle, avocats à la Cour impériale; Tenaille-Saligny,
avocat à la Cour de cassation et au Conseil d'État ;
Fumouze, pharmacien ; Enocq, fabricant, — a donné
lecture de conclusions tendantes à ce qu'il plaise à
la Cour :

Recevoir MM. Sénard, Tenaille-Saligny, Pelletan,
Crémieux, Enocq, Deroisin, Lenoël, Coulon, Fumouze, Liouville, André Rousselle intervenants dans

l'instance d'appel du jugement rendu par la 6ᵉ chambre du Tribunal de la Seine, le 6 août 1864;

Donner acte auxdits intervenants de ce qu'ils protestent contre la qualification qui leur est donnée, dans ce jugement, de membres soit affiliés, soit adjoints d'une prétendue association illicite;

Dire et juger que les intervenants n'ayant été ni entendus ni appelés dans l'instruction, sur laquelle la sentence a été rendue, il ne pouvait être rien statué à leur égard, soit par condamnation à une peine, soit par constatation d'un délit;

En conséquence, mettre au néant la déclaration de culpabilité contre eux prononcée, et ordonner que leurs noms seront effacés du jugement.

Après une suspension d'audience, Mᵉ SÉNARD a développé ses conclusions et termine ainsi :

« La Cour n'hésitera pas à nous recevoir et à nous comprendre, nous qui vivons de ses arrêts, quand nous venons lui demander d'effacer du jugement une disposition qui, assurément, ne nous blesserait pas dans notre honneur et dans nos sympathies, mais qui blesserait avant tout la justice qui est le plus grand intérêt qu'on doive protéger et maintenir. La Cour dira hautement dans son arrêt que nous avons bien fait d'intervenir. Je ne veux pas prolonger ces explications, et je persiste dans mes conclusions. »

M. l'avocat général de SALLÉ a combattu l'intervention et prié la Cour de la déclarer non recevable.

Mᵉ CRÉMIEUX a répliqué à M. l'avocat général

comme intervenant et a demandé l'infirmation du jugement attaqué. Voici la fin de sa plaidoirie :

« Maintenant que le fait est connu, j'arrive à la question de droit. Le ministère public dit que l'intervention n'est pas recevable. Les deux points de vue auxquels il se place ne peuvent être accueillis.

« Il n'y a pas, nous dit le ministère public, déclaration de culpabilité. Mais qu'est-ce que porte le jugement, que nous avons commis un acte illicite ? Je n'ai pas besoin d'ajouter que vous pouvez demain me poursuivre. Vous êtes le maître, je le sais ; mais croyez-vous que Marie, Sénard veulent être ménagés, ou bien est-ce parce qu'ils seront assez dans les eaux du gouvernement que vous ne les poursuivrez pas ?

« On a distingué entre le fait et l'intention ; c'est à nous que vous venez dire de pareilles choses ? Comment, Marie, Sénard et moi nous serons acquittés à défaut de discernement !

« Sommes-nous irrecevables ? Nous ne pouvons pas former tierce opposition, et parce que je ne puis former tierce opposition je ne pourrais former intervention :

« Je ne puis former tierce opposition parce que, lorsque le jugement est rendu, le débat est clos, mais par mon intervention je veux empêcher le débat de se clore, de consacrer une injusitce.

« Ah ! tenez, je suis vieux, mais je porte le cœur aussi haut qu'un autre, et lorsque j'entends de semblables choses, mon cœur se révolte et s'indigne.

« Quand le jugement a fini de parler, il ne peut plus rien dire ; ce n'est plus le sommeil, c'est la mort. Si vous rendez un arrêt par lequel il m'est interdit de faire mon intervention, je suis bel et bonnement condamné!

« Le ministère public nous disait tout à l'heure : Vous vous plaignez de moi! vous n'en avez pas le droit : je dirige la procédure criminelle comme je veux ; j'attaque qui je veux. Ah! ne le dites pas tant! Sans doute, vous attaquez qui vous voulez; mais vous le faites avec justice. Non, vous ne prenez pas au hasard; vous prenez ceux qui méritent vraiment d'être pris, ou du moins laissez-nous le croire. Nous avons besoin de garder cette croyance; notre religion à nous, c'est la justice ; nous n'en n'avons plus d'autre. Tout ce que nous adorons s'est écroulé; tout ce que nous estimons, nous le voyons aujourd'hui livré à la risée publique. Et nous, qui avons été si haut, je pourrais dire que nous sommes bien bas aujourd'hui, si ce n'était la robe que nous portons, et qui nous relève de toute sa hauteur.

« Laissez-nous donc notre illusion !

« On nous dit : il vous restait une voie de recours contre le jugement, c'est celle-là que vous deviez prendre, — les juges à partie.

« Si nous avions pu prendre les juges à partie, nous l'aurions fait, mais ce qui a guidé les juges, comme toujours ou presque toujours, c'est leur conscience. Est-ce que j'irai croire que le Tribunal a cherché à commettre une injustice à l'égard de quelques-uns de nous !

« Cependant, pour nous, être déclarés les complices ou les associés d'un fait illicite, cela touche à notre honneur.

« Nous sommes avocats, nous sommes les conseils des autres ; si nous avons été assez peu éclairés pour entrer dans une association illicite, que voulez-vous que nous soyons à leurs yeux? Ce sera la déclaration d'un fait illicite qui permettrait qu'on nous poursuivît; c'est bien encore une déclaration de culpabilité.

« Je n'insiste pas davantage : ce qui nous fait intervenir, c'est que nous ne voulons pas, nous avocats, nous qui sommes devant la Cour, qui lui demandons tous les jours ces judicieux arrêts qu'elle ne manque jamais de rendre, nous ne voulons pas que les registres de la Cour d'appel de Paris puissent jamais apprendre que des gens ont été frappés sans être entendus. »

L'audience est levée après cette plaidoirie.

A l'ouverture de l'audience du 25, M. le Président prononce un arrêt qui joint l'incident au fond, et procède ensuite à l'interrogatoire des prévenus. Cet interrogatoire a occupé toute la séance.

Par suite d'une indisposition de M⁰ MARIE, qui devait porter le premier la parole, l'affaire a été renvoyée au mercredi 30 novembre.

Quelques personnes seulement ont pu être admises aux audiences de la Cour. De nombreux agents, sous les ordres d'un officier de paix, gardent sévèrement les issues du prétoire.

La santé de M⁰ MARIE l'ayant empêché de se rendre à l'audience du 30, M⁰ GRÉVY prend le premier la parole pour M. Dréo.

Nous laissons de côté, dans la remarquable plaidoirie de l'honorable défenseur, les passages concernant la politique, mais nous devons signaler la définition qu'il a donnée de l'association :

« L'un des signes distinctifs de l'association, a dit

Mᵉ Grévy, c'est qu'elle implique la permanence : la permanence de l'existence, la permanence du but. Un caractère plus essentiel encore, c'est que l'association repose sur une convention, sur un pacte, sur un lien entre les associés. Voilà ce qui donne à l'association une gravité que n'a pas la réunion.

« Nous avons eu beaucoup d'associations : il y a en général des statuts, en tout cas des engagements qui lient les associés. Supprimez l'engagement, et vous ferez de toute association une réunion.

« Cette doctrine n'est pas douteuse. M. Faustin Hélie s'exprime ainsi : « Il faut en premier lieu qu'il y ait association : toute association suppose deux éléments, un but déterminé, et un lien qui unisse les associés... Le mot association contient la véritable solution de toutes les difficultés qui peuvent s'élever à cet égard ; c'est dans ce mot que les juges doivent puiser le principe de leur décision. »

« Quand se discuta à la Chambre des députés la loi de 1834, on agita vivement ces questions, et la pensée commune, qui résulte des débats et des amendement, c'est que le droit de réunion était maintenu. »

La parole a été ensuite donnée à Mᵉ Ernest Picard dans l'intérêt de M. Hérold.

Après des considérations générales, le défenseur parle ainsi de son client :

« M. Hérold est avocat à la Cour de cassation ; il est membre du conseil de son Ordre. La prévention l'a pris entouré des siens, de ses amis, de ceux qui vivent à côté de lui ! C'est M. Clamageran. son beau-frère, c'est M. Durier, son allié, c'est M. Hérisson,

son collègue et son ancien secrétaire, c'est M. Joson, son secrétaire actuel.

« Si je me reporte aux souvenirs d'école de M. Hérold, c'est encore entouré de ses amis de l'Ecole de droit que je le vois assis à cette audience, et j'aperçois ici sept lauréats de la Faculté de Paris prévenus, pour le malheur de notre enseignement juridique, d'avoir transgressé la loi.

« M. Hérold a le culte passionné du droit : il n'a pas cru devoir refuser son ministère aux nombreux électeurs qui sont venus demander ses conseils. Pour plusieurs il a plaidé, et les six pourvois qu'il a soutenus ont été admis et suivis d'arrêts de cassation. »

Mᵉ Didier, avocat de M. Floquet, prend des conclusions subsidiaires pour faire déclarer illégales et abusives les perquisitions et les saisies faites chez son client.

Mᵉ Didier ne veut pas revenir sur le fond, tout lui semble avoir été dit à ce sujet. Mais il demande l'annulation de la poursuite, parce qu'il y a eu violation de la loi. « La loi, messieurs, dit-il en terminant, vous en êtes les gardiens ; protecteurs de tous, vous resterez ce que vous êtes, et ne vous laisserez pas engager dans la politique où vous deviendriez les défenseurs d'un parti. »

M. Clamageran prend ensuite la parole pour présenter sa défense lui-même.

Après lui, Mᵉ Berryer, avocat de M. Ferry, se lève, et s'exprime ainsi :

« Au point où la discussion est parvenue, lorsque chacun des avocats de cette cause a apporté à la dé-

fense le secours de son intelligence et de sa force et
l'appui de sa parole, après le très-vigoureux plai-
doyer de Mᵉ Grévy, après la vive et spirituelle argumentation de Mᵉ Picard, je pourrais renoncer à la
parole.

« Je ne peux pas, en effet, quoiqu'elle ait été
trompée cruellement par le jugement de première
instance, je ne peux pas me résigner à abandonner
la confiance que j'avais exprimée devant le Tribunal,
au nom de tous les défenseurs, après avoir entendu
l'éloquent Jules Favre plaider cette affaire avec une
si grande élévation de langage, une si parfaite
noblesse d'idées, une si splendide clarté de discussion.

« Je l'avoue, quoique vous m'appeliez en ce moment
à ajouter quelque chose à la défense qui vient de se
produire à cette barre, je ne crois pas que la décision
des premiers juges puisse être confirmée par des
hommes instruits, réfléchis et consciencieux comme
vous l'êtes. Mon intelligence éclairée par cinquante
ans d'expérience dans le Barreau, par cinquante
ans de vie judiciaire et politique, mon intelligence
est épouvantée, mon cœur de citoyen est profondé-
ment affligé à la pensée que vous pourriez nier des
droits aussi sacrés que ceux qui sont mis aujourd'hui
en question, et que vous pourriez confirmer la décision des premiers juges.

« Il faudrait donc nier le droit, ou, si on ne le niait
pas ouvertement, on serait obligé de se réfugier dans
de misérables subtilités d'interprétations indignes de
la justice. »

L'éloquent orateur soutient que ni l'art. 291 du
Cote pénal, ni la loi du 10 avril 1834 ne sauraient

être applicables aux comités électoraux. Il s'écrie en terminant :

« Messieurs , permettez-moi de vous rappeler un glorieux souvenir de la magistrature qui commande le respect dont nous nous efforçons toujours de l'entourer.

« Il y a quarante ans, dans la salle de la première chambre de la Cour de Paris , en face du premier président Séguier, on lisait cette inscription : « *La* « *Cour rend des arrêts , et non pas des services.* » (Des bravos éclatent au fond de l'auditoire.)

Sur l'ordre de M. le président, on fait évacuer les personnes qui se tenaient debout.

M⁰ DUFAURE, avocat de M. Durier, prend ensuite la parole et s'exprime ainsi :

« J'éprouve, pour défendre mon jeune et honorable confrère , M. Emile Durier, le même embarras que celui qu'éprouvait M⁰ Berryer. Ce qu'a dit M⁰ Berryer, et l'émotion qu'il m'a communiquée, n'est pas de nature à alléger ma tâche. Cependant, puisque mon tour de parole est venu , je vais m'expliquer en peu de mots , car la cause a été déjà plaidée. Je ne puis que m'en référer à la vigoureuse et excellente plaidoirie de M⁰ Grevy, et à la discussion politique si élevée de M. Picard.

« Mais permettez-moi de le déclarer : je ne puis me résigner à voir de jeunes hommes, qui ont l'honneur de porter notre robe, venir s'asseoir sur le banc de la police correctionnelle, alors même que le délit qui leur est reproché ne porterait aucune atteinte à leur réputation et à leur honorabilité. Quoi qu'il en soit , je le déclare, nous n'aimerions pas à voir des jeunes gens distingués, l'espoir de notre Barreau, se voir avec indifférence traduits devant la police correctionnelle.

« Qu'a fait M. Durier? Il vous l'a dit, il a fait partie non pas seulement d'un comité, mais de trois comités, et, comme vous l'a si bien dit M. Garnier-Pagès dans son interrogatoire, il est resté en deçà de son droit. M. Durier vous a dit qu'il y avait eu trois comités successivement dissous : le premier pour les élections générales, le deuxième pour la réélection de M. Pelletan, le troisième pour l'élection de MM. Carnot et Garnier-Pagès, par suite de l'option de MM. Havin et Jules Favre, nommés dans d'autres départements. Dans ces trois comités successifs, M. Emile Durier a pris une part légitime, honorable, estimable. Vous parlez de permanence ; quoi de plus naturel si elle avait eu lieu? Il s'agissait de recommencer l'élection de M. Pelletan qui avait été annulée par la faute de l'administration, et de nommer deux députés, à Paris, par suite de l'option de MM. Havin et J. Favre. N'était-il pas naturel de continuer l'œuvre commencée? Si c'est là le fait que l'on incrimine, il est très-avouable. On a saisi chez lui quelques pièces ; mais, à l'exception de demandes de recommandation de candidatures dans le journal *le Siècle* dont il est l'un des rédacteurs, et de quelques invitations à dîner, on n'a rien trouvé, absolument rien. Voilà quelle a été la conduite de M. Durier. »

M⁰ Dufaure soutient qu'il n'y a pas eu dans les faits soumis à la Cour association, mais seulement des réunions, et un comité consultatif électoral.

« Je ne reviendrai pas sur le mot : *Association*, il n'a pas besoin de définition ; mais à côté de l'association proprement dite, il y a une société particulière, l'association en participation qui peut avoir trait à un seul objet. Mais la loi dit aussi qu'il faut un but commun et qu'il y a à déterminer des proportions d'intérêt en vertu d'une convention arrêtée.

« Je suppose qu'un fleuve déborde, renverse ses digues, et inonde les campagnes. Les habitants, les riverains se réunissent pour rétablir les rives. Voilà la réunion pour un objet déterminé ; mais je défie qu'on voie là l'association.

« Au lieu de cela, on organise une société, on impose des contributions : les uns donnent des journées de travail, les autres des subventions en argent, on forme un syndicat ; voilà l'association. Vous voyez que les deux cas sont bien différents.

« Je prierai humblement M. le procureur général de me dire s'il entend appliquer la loi à la réunion ou bien au syndicat.

« Ces messieurs auraient pu se constituer en association permanente. L'ont-ils fait ? Les documents n'ont pas manqué au ministère public, on a saisi quantité de pièces. Qu'a-t-on trouvé qui constitue une association organisée ?

« Je demande encore à M. le procureur général comment il définit l'association, s'il ne la base pas sur un lien obligatoire pour tous ? »

Après avoir examiné certains faits et cité ce qui se passe en Angleterre, l'éminent avocat annonce qu'il répliquera à M. le procureur-général lorsqu'il l'aura entendu soutenir la prévention.

Me Desmarest plaide ensuite pour M. Joson, et s'efforce d'établir que les actes de son client ont été conformes à la légalité et que la condamnation prononcée contre lui ne saurait être maintenue.

Mᵉ Arago a présenté la défense de M. Hérisson. Après sa plaidoirie, l'audience est renvoyée au lendemain.

A l'ouverture de l'audience du 1ᵉʳ décembre, M. le président recommande à l'auditoire de ne donner aucun signe d'approbation ni d'improbation.

Mᵉ Arago se lève et donne lecture d'une lettre de Mᵉ Marie pour la défense de M. Bory.

Mᵉ Hébert présente ensuite la défense de M. Melsheim.

Qu'on nous permette de citer son admirable péroraison :

« Je vous en prie, messieurs, pesez ces réflexions. Et maintenant, permettez-moi de vous expliquer, après me l'être expliqué à moi-même, sans animadversion et sans amertume, comment il pourrait se faire que, en présence de ces vérités, on vînt aujourd'hui, pour la première fois, contester des droits qu'il importe de maintenir. On vous a donné hier quelques raisons de ces sévérités inouïes. Je prends la cause ailleurs et plus haut. Je crois que le ministère public, — je ne parle que de lui, — lorsqu'il a intenté cette poursuite, a cru à tout autre chose qu'à ce qu'il vous dénonce aujourd'hui.

« Il a cru, en reconnaissant certains noms, qui à une autre époque n'ont pas eu un retentissement pacifique, à une vaste organisation politique destinée à miner le gouvernement, à l'atteindre, à se mettre à l'affût pour le renverser. Voilà ce qu'a pensé le ministère public; ce qui me le prouve, c'est la connaissance que j'ai de ses agissements.

« On vous a parlé hier, avec beaucoup de science et de talent, des garanties de notre Code d'instruction criminelle; je ne veux pas y revenir; mais ce que je dis, c'est que ce grand déploiement de forces n'est jamais bon dans de petites circonstances. Le ministère public est trop justement économe de la majesté de la justice, qu'il représente tout le premier, pour faire peser sa main, qui est lourde, sur ceux qui sont poursuivis dans cette affaire, s'il ne s'était pas cru en présence d'un danger sérieux.

« On a cru l'ordre public en péril, on a dit : *caveant consules* ! et voulant atteindre un commencement de complot, on a fait marcher toute la justice et toute l'administration, on a usé de tous ces moyens de saisie auxquels on a cru qu'il était besoin d'avoir recours.

Eh bien, qu'a-t-on trouvé? le comité électoral, et pas autre chose. Et alors qu'on s'était engagé, parce qu'on s'était trompé, ou parce qu'on avait été trompé, dans une vaste poursuite, on n'a plus eu le pouvoir ou la volonté de reculer. Et puis enfin l'humanité est faible; quand on a cru avoir affaire à une conspiration ténébreuse, on ne se débarrasse pas facilement d'une conviction qui est entrée dans l'esprit; de plus, le pouvoir du talent et de l'autorité réunis est très-fort : s'il n'y a pas eu de délit aujourd'hui, il y en aura peut-être demain.

« La tentation peut être grande de faire prononcer une condamnation en pareil cas. L'amende est peu forte, une condamnation pourrait être un avertissement salutaire pour l'avenir. Un succès serait un grand et beau triomphe. Permettez-moi, monsieur le procureur général, de dire qu'il y a quelque chose de plus grand et de plus noble, à mon sens, que le triomphe de la parole, c'est celui de la conscience éclairée qui s'arrête quand elle a reconnu son erreur. Nous avons tout fait pour obtenir ce résultat, qui satisferait tout le monde et ne blesserait personne. S'il ne nous est pas donné d'y parvenir, nous nous retournons vers vous, messieurs, qui maintenant connaissez cette affaire par les faits qui vous ont été révélés, vers vous qui connaissez la loi par l'application constante et suivie que vous en faites, et nous vous disons : Restituez aux faits leur vérité qui a été méconnue, maintenez à la loi son sens et son caractère, que l'on a mal à propos contestés. »

M⁰ SÉNARD dépose et lit des conclusions pour M. Corbon.

MM. Carnot et Garnier-Pagès, interrogés s'ils ont un défenseur, répondent qu'ils s'en rapportent à ce qui a été dit par tous les défenseurs qu'on vient d'entendre.

M. le procureur général DE MARNAS s'est levé à son tour, et a soutenu avec talent, courage et noblesse la prévention. Il a commencé ainsi son réquisitoire :

« Les faits à l'occasion desquels nous venons demander à la Cour un arrêt, et seulement un arrêt, n'en déplaise à M⁰ Berryer, les faits de ce procès sont très simples. »

M. le procureur général examine les moyens de défense. Il accepte comme exacte et vraie la définition qui a été donnée de l'association. Ce n'est pas seulement une communauté de but et d'efforts ; il faut sans doute, pour qu'il y ait association, une convention obligatoire et un lien entre les associés.

« Je vais plus loin que M⁰ Grevy, dit M. le procureur général ; j'accorde qu'il faut toutes les conditions qu'il a énumérées, mais j'ajoute qu'il en faut d'autres. »

M. le procureur général soutient que, dans toute association, il doit y avoir quatre caractères :

1° L'organisation ou le lien entre les membres ;

2° La durée ou la permanence ;

3° La collectivité des efforts ;

4° L'identité du but.

M. le procureur général établit, à l'aide de tous les documents de la cause, que le comité électoral réunissait ces quatre caractères de l'association ; il démontre les intelligences politiques qui ont existé, dans les élections générales de 1863, entre Paris, Marseille, Lyon, etc. Il précise le rôle particulier de MM. Bory de Marseille, et Melsheim de Schlestadt. Il conteste que le comité créé par M⁰ Marie n'est pas le même que celui qui est poursuivi en ce moment. Quant au comité dit du Manuel, c'était comme la chambre des vacations du comité électoral lui-même ; et ce comité aurait existé, selon le ministère public, depuis le 8 mai 1863 jusqu'au 20.

Arrivant à la question de nombre, M. le procureur général s'étonne qu'on ait reproché au ministère public de n'avoir poursuivi que treize personnes au lieu de vingt et une. Le ministère public est maître de son action ; il ne relève que de sa conscience et du garde des sceaux. Il déclare, d'ailleurs, que la question de droit était, pour lui, indépendante des personnes. C'est avec un grand regret qu'il a amené devant la justice treize personnes; il aurait voulu débattre la question entre MM. Garnier-Pagès et Carnot seulement. Quant à ce que l'on a dit de ce qu'il n'y avait que treize personnes en cause, alors qu'il en fallait vingt et une pour constituer le délit, ce n'est pas là un argument sérieux; ce n'est pas vingt et une personnes que trouvera le ministère public, mais deux ou trois cents affiliés, lorsqu'il aura prouvé que le comité de Paris était en communication avec les comités des départements.

M. le procureur général termine ainsi :

« Me Arago vous a cité hier Montesquieu, qui, parlant du *menu peuple*, disait que les *principaux* devaient l'éclairer.

« Je ne crois pas qu'il soit si nécessaire qu'on le dit d'éclairer, non pas le *menu peuple*, mais le peuple; il comprend mieux qu'on ne le croit généralement ce qu'il lui importe, après tout, de bien saisir : il se soucie peu des petites insinuations, des petites calomnies, et, pour le bien éclairer, il ne lui faut que comprendre les grands faits de son temps, qui s'élèvent au-dessus de la métaphysique des partis ; il lui suffit de voir, ce qui est éclatant comme le soleil, que l'Empire est glorieux au dehors et prospère au dedans. »

Me BERRYER a répliqué vivement à M. le procureur général. Sa réplique a terminé l'audience.

Me DUFAURE a pris la parole à l'ouverture de l'audience du 2 pour répliquer lui-même. Il a serré dans une discussion solide l'argumentation de M. le procureur général.

Après lui, M** DESMAREST, PICARD et HÉBERT répliquent à leur tour. Leur discussion, tout à fait politique, a pris parfois un ton de personnalité que la vivacité de cette lutte peut expliquer.

M. le procureur général s'est levé une seconde fois pour répondre aux répliques de la défense, et M* Jules FAVRE lui a répondu en dernier, et a résumé, pour ainsi dire, ces importants débats.

Il s'est exprimé en ces termes :

« J'aurais voulu, à cette heure décisive qui précède votre délibération, que l'un des éminents jurisconsultes que vous avez entendus dans cette cause vînt, avec l'autorité particulière qui s'attache à son caractère et à son talent, résumer ce débat si complet, auquel la Cour a prêté une attention si bienveillante et si soutenue. J'étais peu préparé à prendre la parole ; j'ai été pris à l'improviste, à ce dernier moment, et je cède au désir qui vient de m'être exprimé par mes honorables amis.

« La tâche qui m'est imposée est-elle devenue facile? Je serais coupable d'une témérité que je ne me pardonnerais pas si je rentrais, à cette heure, dans le débat sur lequel la parole de mes honorables amis a jeté une si vive lumière ; mais laissez-moi vous dire ce que je pense, comme jurisconsulte et comme homme politique, de ce grand procès. Cette parole ne m'est pas inspirée par un misérable orgueil. Jamais je n'ai mieux senti ma faiblesse et le besoin que j'aurais de m'en dépouiller.

« Cette solennité, qui nous captive tous, emprunte

sa grandeur au péril social qui nous menace tous, à des points de vue différents.

« M. le procureur général croit remplir son devoir en vous dénonçant des faits qui pourraient jeter dans cette grande société un trouble que sa charge lui commande de prévoir. Et nous, avocats, nous signalons à l'opinion publique, qui est notre juge suprême, l'erreur de cette poursuite, et le précipice que le ministère public côtoie sous prétexte de salut.

« Si la question qui nous occupe tous était cantonnée dans l'art. 291 du Code pénal, l'attention publique ne s'y serait pas attachée avec tant de persévérance, et je ne crains pas de dire que, quels que soient vos égards pour la défense, vous ne lui eussiez pas laissé prendre de si grands développements.

« Nous sommes tous sous l'empire de la même préoccupation, que je vous demande la permission de préciser. Je veux, avant tout, me dégager des personnalités et des allusions qui auraient dû rester étrangères au procès. En effet, ce que nous défendons les uns et les autres, c'est ce que nous croyons être le droit. C'est à vous qu'il appartient de décider de quel côté se trouvent la vérité et la raison. »

L'éloquent défenseur a discuté ensuite le fait et le droit, et termine en invoquant le témoignage de Bossuet et en exprimant sa confiance dans la magistrature.

La Cour, après une délibération de cinq quarts d'heure dans la chambre du conseil, annonce que l'arrêt sera rendu mercredi prochain.

En effet, à l'audience du 7 décembre M. le président donne lecture de l'arrêt suivant :

« La Cour, statuant sur les appels des prévenus, sur toutes les conclusions par eux prises et sur les conclusions de Senard et consorts,

« En ce qui touche particulièrement celles prises par le prévenu Floquet, ainsi conçues :

« Déclarer nulles et illégales, comme faites par un « commissaire de police délégué, les perquisitions et « saisies opérées tant au domicile de Floquet qu'au « domicile de ses coprévenus ; »

« Considérant que lesdites perquisitions et saisies ont été faites par des commissaires de police en vertu de commissions délivrées par le juge d'instruction ; qu'il est de principe et de jurisprudence constante que les juges d'instruction ont le droit de déléguer aux officiers de police judiciaire l'accomplissement des actes de leur fonction et particulièrement le droit de procéder aux perquisitions et saisies commandées par les nécessités de l'information ; que, dans l'espèce, ces opérations ont été d'ailleurs accompagnées de toutes les formalités prescrites par la loi, et qu'ainsi tous les documents qui en ont été le résultat doivent être retenus au procès ;

« En ce qui touche les autres conclusions :

« Considérant que des pièces de l'instruction, de la correspondance saisie et des débats il résulte la preuve qu'en mai 1863 il s'est formé à Paris, entre un certain nombre d'individus, une réunion ou comité, dont le siége était établi rue Saint-Roch, n° 45, et dont le but avoué était de s'occuper en commun de la dirction à donner aux élections générales, alors prochaines ;

« Que cette réunion, quelque nom que l'on veuille lui donner, ne devait pas limiter son action à une seule circonscription électorale, ni même à toutes les circonscriptions du département de la Seine, mais s'étendre à la France entière, et se mettre en rapport avec toutes les autres réunions de même genre ; qu'un lien commun unissait entre eux tous ceux qui faisaient acte d'adhésion à l'œuvre concertée et poursuivie dans une communauté de sentiments et d'efforts ;

« Que tous ces individus étaient rapprochés, non pas seulement parce qu'ils auraient appartenu comme électeurs à une même circonscription et pour s'entendre sur le choix d'un candidat, mais par la volonté de s'unir, de se concerter et d'agir dans un but déterminé et permanent : à savoir, le mouvement à imprimer au parti démocratique à l'occasion des élections ;

« Considérant qu'une réunion ainsi constituée, et bien que dénommée comité électoral et de consultation, présentait les caractères d'une véritable association ; qu'elle avait son siége social connu et public, ses agents et sa caisse destinée à pourvoir aux moyens d'exécution ;

« Que tous les appelants, sauf Jozon, Melsheim et Bory, reconnaissent qu'ils ont fait partie, comme fondateurs, de la réunion dont il s'agit ;

« Que vainement Jozon prétend n'avoir pas été membre de ce comité ; qu'il résulte des documents de ce procès, qu'il a fait fonction de secrétaire du comité et qu'il a coopéré sciemment à son action ;

« Que les prévenus, il est vrai, prétendent :

« 1° Que ladite réunion avait un caractère purement consultatif ;

« 2° Qu'elle n'avait aucun caractère de permanence, qu'elle s'est divisée en trois réunions distinctes qui n'ont fonctionné que pendant la période électorale;

« 3° Et qu'elle n'a jamais été composée que de quatorze ou quinze membres;

« Mais, considérant, sur le premier point, que la correspondance tout entière, et notamment les lettres de Garnier-Pagès, de Dréo et de Carnot, attestent de la manière la plus manifeste que l'objet principal et essentiel de l'association était, non la consultation, mais l'action, et que son but était d'exercer la propagande la plus active et la plus large, non-seulement à Paris, mais dans le pays tout entier;

« Que c'est à tort si les prévenus prétendent avoir le droit d'agir ainsi;

« Qu'en effet, si les électeurs peuvent se réunir, en se conformant à la loi, dans une ou plusieurs circonscriptions électorales, ce que la Cour n'a pas à décider au point de vue de la prévention, ces réunions, qu'on leur donne le nom de comités ou toute autre dénomination, dès qu'elles affectent les caractères d'une association, comme dans l'espèce, doivent subir la loi commune à toute association, et sont soumises à l'autorisation du gouvernement;

« Que le caractère électoral du comité, objet de la poursuite, ne saurait donc le soustraire aux dispositions du Code pénal et de la loi de 1834;

« Que ces principes, loin de porter atteinte aux droits des électeurs et aux lois du pays, comme le prétendent les prévenus, en sont au contraire le maintien et l'application;

« Considérant, *sur le second point*, que la réunion

incriminée, en présence des documents du procès, ne saurait être contestée;

« Que ces documents, en effet, démontrent qu'il n'a existé qu'un seul comité permanent et non trois comités distincts et isolés entre eux, comme quelques-uns des prévenus voudraient le prétendre; qu'en outre, l'action exercée par le comité n'a pas été limitée aux périodes qui ont précédé soit les élections, soit les réélections, mais qu'elle s'est manifestée avant, pendant et après ces périodes, toutes les fois qu'il a été fait appel à l'appui de ce comité;

« Que d'ailleurs le lien qui unissait ses membres dans le principe n'avait pas été rompu et que cette circonstance suffirait pour établir la permanence qui est un des caractères de l'association;

« Considérant, sur le troisième point, qu'il résulte des pièces saisies que l'association avait des adhérents, des agents ou des délégués qui n'étaient pas de simples distributeurs et qui obéissaient à la direction du comité, assuraient son action, coopéraient sciemment au but commun et se rattachaient ainsi incontestablement à l'association dont il s'agit;

« Qu'il est établi, en outre, que le comité constitué à Paris et formant le noyau de l'association s'est mis en rapport avec plusieurs comités formés dans les départements, notamment avec ceux d'Epinal, de Lyon, de Marseille et de Schlestadt; que le prévenu Bory, comme président du comité de Marseille, et le prévenu Melsheim, comme président du comité de Schlestadt, ont, au nom de leurs comités respectifs, sollicité ou accepté le concours et l'appui du comité de Paris, et fait ainsi acte d'adhésion à ce comité;

« Que s'il est vrai de dire que Crémieux, Pelletan, Tenaille-Saligny, Coulon, Deroisin, Enocq n'auraient pas dû être retenus nominativement au procès; que même, si, dans l'espèce, eu égard aux circonstances qui s'y rencontrent, on peut admettre que le fait d'avoir pris part aux souscriptions provoquées par le comité ne constituerait pas à lui seul une affiliation et une participation active à l'œuvre d'association, il n'en est pas moins constant et démontré qu'en ajoutant aux treize prévenus les différents groupes et comités ci-dessus spécifiés, le nombre des membres de l'association incriminée dépasse de beaucoup le chiffre de vingt personnes;

« Que vainement les prévenus prétendent établir en principe qu'on ne peut considérer comme membres d'un comité électoral ni ceux qui sont employés comme auxiliaires, ni ceux qui correspondent avec le comité, ni ceux qui contribuent aux dépenses d'une élection;

« Qu'il doit, au contraire, en être tout différemment, d'après les principes généraux du droit, à l'égard de toute personne qui, avec une volonté libre et un concours intelligent, coopère au but et à l'action d'un comité, quel qu'il soit;

« Que c'est également méconnaître les principes et la jurisprudence que de prétendre, de la part des prévenus, qu'il faille, préalablement à toute application de l'article 291 du Code pénal, constater non-seulement la présence de plus de vingt personnes dans une association, mais encore désigner ces personnes, les dénommer et les avoir préalablement déclarées coupables, au nombre de plus de vingt, du délit d'association;

« Qu'en effet, rien de semblable n'existe et ne pouvait exister dans la loi; qu'en matière d'association, de rébellion et autres délits de même nature, les textes se bornent à préciser le nombre des personnes, sans ajouter que ces personnes (ce qui serait souvent impossible, même pour les plus coupables) devront être connues, dénommées et préalablement déclarées coupables au nombre de plus de vingt ;

« Qu'il suffit, en effet, qu'une association illicite de plus de vingt personnes existe et soit constatée comme dans l'espèce pour que, conformément au texte et à l'esprit de la loi ainsi qu'à la jurisprudence de la Cour de cassation, le délit existe au respect de chacun des associés, encore bien que plusieurs ne soient ni connus, ni dénommés, ni poursuivis, ni préalablement déclarés coupables ;

« En ce qui touche spécialement les moyens invoqués par les appelants, consistant à soutenir que les comités électoraux ont été de tout temps exceptés des prohibitions de la loi de 1834, et que le caractère électoral de leur comité le soustrait à toute application de la loi pénale :

« Considérant qu'en admettant, — ce que la Cour n'a pas à décider dans l'espèce, ainsi qu'il a été déjà dit, — que les comités électoraux, lorsqu'ils ne renferment pas les caractères constitutifs de l'association, ne soient prohibés par aucune disposition légale, il ne saurait y avoir rien de commun entre les réunions accidentelles et temporaires ayant pour objet l'exercice légitime d'un droit constitutionnel et une association de la nature de celle dont les caractères ont été ci-dessus énumérés, association que la loi de 1834 a voulu atteindre et réprimer comme constituant, à côté des pouvoirs réguliers, une sorte de pouvoir dont l'existence est une menace permanente pour la paix et la sécurité publiques ;

« Que c'est là ce qui résulte de la discussion même

au Corps législatif dans laquelle on lit : « Se *réunir*,
« c'est vouloir s'éclairer et penser ensemble ; *s'asso-*
« *cier*, c'est vouloir se concerter, se compter et agir ;
« la différence est immense, le pays ne peut s'y trom-
« per, et les tribunaux ne sauraient s'y tromper non
« plus. Les réunions ont pour cause des événements
« imprévus, instantanés, temporaires ; les associa-
« tions ont un but déterminé, permanent ; — un lien
« unit entre eux les associés ; — le plus souvent une
« cotisation vient pourvoir aux moyens d'exécu-
« tion. »

« Considérant en outre que l'amendement proposé
par la commission de la Chambre et retiré comme
inutile, tant on était d'accord sur les principes, était
ainsi conçu : « Les dispositions de la présente loi ne
« seront pas applicables aux réunions électorales qui
« auraient lieu dans chaque département, après l'or-
« donnance de convocation du collége, à moins qu'il
« n'y ait affiliation avec d'autres réunions du même
« genre dans d'autres départements. »

« Qu'il résulte donc manifestement de ce que des-
sus qu'on ne peut trouver ni dans la discussion de la
loi de 1834, ni dans la pensée du législateur, rien
qui soit de nature à couvrir le comité, objet de la
poursuite, puisque tous les caractères de ce comité
constituant essentiellement une association sont in-
conciliables tout à la fois avec l'esprit et avec le texte
de la loi ;

« Considérant qu'on ne saurait non plus admettre
au profit de Garnier-Pagès et de Carnot le privilége
qu'ils prétendent puiser dans la qualité qu'ils ont eue
de candidats au Corps législatif pour soutenir qu'ils
ne pouvaient être l'objet d'aucunes poursuites à raison
de la prévention ;

« Que cette qualité ne saurait créer pour eux une immunité en dehors de la loi;

« Et considérant que de l'ensemble des faits ci-dessus déduits il résulte que les prévenus Garnier-Pagès, Carnot, Dréo, Hérold, Clamageran, Floquet, Ferry, Durier, Corbon, Jozon, Hérisson, Melsheim et Bory ont, en 1863 et 1864, à Paris, fait partie d'une association de plus de vingt personnes, laquelle n'avait point été autorisée par le gouvernement;

« Qu'ils ont ainsi encouru les pénalités édictées par les articles 291, 292 du Code pénal, 1 et 2 de la loi du 10 avril 1834, visés et transcrits au jugement;

« Par les motifs ci-dessus, sans s'arrêter aux conclusions des prévenus, lesquelles sont toutes rejetées comme mal fondées;

« Met les appellations à néant, ordonne que ce dont est appel sortira effet;

« En ce qui touche la demande d'intervention de Senart et consorts, jointe au fond par arrêt de la Cour,

« Sans qu'il soit besoin de rechercher si l'intervention était recevable;

« Considérant qu'au moyen du présent arrêt et de ses motifs, ladite intervention est désormais sans intérêt et sans objet, dit qu'il n'y a lieu à statuer;

« Condamne les appelants solidairement aux frais de leurs appels, dans lesquels n'entreront pas ceux d'intervention. »

Un incident s'est produit à cette dernière audience. Un grand nombre de prévenus et de défenseurs n'ayant pu pénétrer dans la salle au moment où

M. le président donnait lecture de l'arrêt, ont pris des conclusions, par l'organe de Mᵉ *Picard*, pour demander acte de cette entrave à la publicité judiciaire.

Ces conclusions, n'ayant pas été admises par la Cour, ont été signifiées le lendemain à M. le procureur général, et seront probablement jointes au dossier de l'affaire pour être transmises à la Cour de cassation, qui statuera souverainement.

Nous nous abstiendrons ici de toute réflexion sur ce procès, qui touche aux questions les plus brûlantes de la politique, et sur lequel du reste la justice n'a pas prononcé le dernier mot.

O. CYPRIEN.

A MM. LES ABONNÉS

DU JOURNAL JUDICIAIRE

—

Ce compte rendu devait paraître dans le dernier numéro du *Journal Judiciaire*, mais l'imprimeur s'y est opposé, et nous avons dû, en conséquence, le publier sous une autre forme.

D'un autre côté, un procès inattendu, dont nous rendrons compte, nous oblige à soutenir comme demandeur, par-devant le Tribunal de commerce de la Seine, les intérêts compromis du journal, et nous espérons obtenir une légitime réparation pour des préjudices qu'on croyait peut-être nous faire supporter impunément par je ne sais quelle mauvaise foi ou quelle étrange aberration d'esprit. C'est pourquoi nous ajournons, à notre grand regret, quelque temps encore, la transformation de cette publication.

Nous espérons néanmoins pouvoir réaliser sous peu de temps notre promesse. Mais, dans tous les cas, si le succès ne couronne pas nos efforts, nous offrons, dès aujourd'hui, à nos abonnés, de les désintéresser complétement, aussitôt qu'ils nous auront fait parvenir leur réclamation.

Notre entreprise n'est pas une œuvre mercantile. Nous croyons qu'elle répond à certains besoins, et la preuve, c'est l'accueil sympathique que nous avons toujours rencontré, et pour lequel nous devons offrir ici à tous nos remercîments les plus sincères. Aussi, malgré les épreuves que nous subissons, notre foi pour l'avenir du *Journal judiciaire* reste-t-elle inébranlable.

Le propriétaire gérant du Journal Judiciaire,

J. SERPAGGI,
ancien magistrat.